शिरीष कुमार मौर्य

शिरीष कुमार मौर्य का जन्म 13 दिसम्बर, 1973 को नागपुर में हुआ। प्रारम्भिक शिक्षा उत्तराखंड के अंचल नौगाँवखाल में और उच्च शिक्षा कुमाऊँ विश्वविद्यालय, नैनीताल से प्राप्त की।

उनकी प्रकाशित पुस्तकें हैं—'पहला क़दम', 'शब्दों के झुरमुट', 'पृथ्वी पर एक जगह', 'जैसे कोई सुनता हो मुझे', 'दन्तकथा और अन्य कविताएँ', 'खाँटी कठिन कठोर अति', 'ऐसी ही किसी जगह लाता है प्रेम', 'साँसों के प्राचीन ग्रामोफ़ोन सरीखे इस बाजे पर', 'मुश्किल दिन की बात', 'रितुरैण', 'सबसे मुश्किल वक़्तों के निशाँ', (स्त्री-संसार की कविताओं का संचयन), 'ऐसी ही किसी जगह लाता है प्रेम' (पहाड़ सम्बन्धी कविताओं का संचयन, सं. : हरीशचन्द्र पांडे) (कविता-संग्रह); 'धनुष पर चिड़िया' (चन्द्रकान्त देवताले की कविताओं के स्त्री-संसार का संचयन), 'शीर्षक कहानियाँ' (सम्पादन); 'लिखत-पढ़त', 'शानी का संसार', 'कई उम्रों की कविता' (आलोचना); 'धरती जानती है' (येहूदा आमीखाई की कविताओं का अनुवाद अशोक पांडे के साथ), 'कू-सेंग की कविताएँ' (अनुवाद)।

उन्हें प्रथम 'अंकुर मिश्र कविता पुरस्कार', 'लक्ष्मण प्रसाद मंडलोई सम्मान', 'वागीश्वरी सम्मान', 'गिर्दा स्मृति जनगीत सम्मान' से सम्मानित किया गया है।

सम्प्रति : कुमाऊँ विश्वविद्यालय के ठाकुर देव सिंह बिष्ट परिसर, नैनीताल में हिन्दी के प्रोफ़ेसर तथा महादेवी वर्मा सृजनपीठ, कुमाऊँ विश्वविद्यालय, रामगढ़ के निदेशक।

ई-मेल : shirish.mourya@gmail.com

धर्म वह नाव नहीं

नव चर्यापद

शिरीष कुमार मौर्य

राधाकृष्ण पेपरबैक्स

राधाकृष्ण पेपरबैक्स में
पहला संस्करण : 2024

राधाकृष्ण पेपरबैक्स : उत्कृष्ट साहित्य के जनसुलभ संस्करण

राधाकृष्ण प्रकाशन प्रा. लि.
जी-17, जगतपुरी
दिल्ली-110 051
द्वारा प्रकाशित

शाखाएँ : अशोक राजपथ, साइंस कॉलेज के सामने, पटना-800 006
पहली मंजिल, दरबारी बिल्डिंग, महात्मा गांधी मार्ग, प्रयागराज-211 001
1, अनमोल सोराबजी संतुक लेन, धोबी तलाव, मरीन लाइंस, मुम्बई-400 002
वेबसाइट : www.radhakrishnaprakashan.com
ई-मेल : nfo@radhakrishnaprakashan.com

विकास कम्प्यूटर एंड प्रिंटर्स
ट्रॉनिका सिटी-201 102
द्वारा मुद्रित

मूल्य : ₹250

DHARM WAH NAAV NAHIN
Poems by Shirish Kumar Mourya

ISBN : 978-81-19989-99-7

गौतम बुद्ध के मित्र व शिष्य भद्रक किंवा भदिया द्वारा इक्कीसवीं सदी में विरचित ये नवीन चर्यापद इस विधा के प्रथम व मूल प्रस्तोता शबरपा और उनके गुरु सरहपा को सादर

क्रम

भूमिका 11

अन्न माँगो उस घर से 13
जल नहीं था 14
मैं अब भी उतना ही अबोध हूँ 16
लुहार के घर से माँगा भोजन 17
जिसे करुणा कहा गया 19
मैं प्रश्नाकुल ही रहा आया 21
गंगा में 23
मुंडित स्त्रियों के स्वप्न 25
मैं बँधा हूँ बँधे वधिक भी हैं 27
शारिपुत्र थे धर्मसेनापति 29
फागुन में उसे सँभालो 31
धर्म क्या है भन्ते हमारा? 33
महाकश्यप नहीं हूँ 35
निर्वाण तो नहीं मिला 37
मुझ में ही महायान के बीज थे 39
मैं हमेशा से हताश नहीं था 41
जो स्वयं न बचे 43

मनुष्य को	45
देवानाम पिये पियदस्सि	47
इक्कीसवीं शताब्दी में	49
ढाई सहस्र वर्ष	51
समकालीनता एक गाथा है	53
आतुरों के बीच	55
पेमतो जायती सोको	57
माँगने-भर से	59
नत्थि रागसमो अग्गि	61
रस तो राग में है	63
प्रकृति ने ही	65
कितने ही श्वेतकेशी मिले	67
नवरात्रि है चैत्र की	69
मनुष्यता की प्रतीक्षा	71
एक आवाज़ आती है	74
मैं स्वयं को दोहराता रहा हूँ	76
दृषद्वती और सरस्वती	78
स्वाधीन रहने की चेतना	81
धम्मपद के अलावा	83
साधना और ज्ञानजगत में	85
मैं प्रविविक्त हुआ	87
दया करते हुए	90
हतप्रभ और हताश	92
प्रथम उपदेश के बाद	95
वे संत्रस्त न हों तो क्या हों	97
गेहूँ काटने की ऋतु में	100
अब लगभग एकाकी	103
सूखी नदी का तल है	105

अश्वों पर आईं सेनाएँ 107
जो हारे पर बचे रहे 109
दुख कितना बचा है? 112
पहले उपदेश की तरह 114
लालसाएँ अनन्त थीं 117
नित्यप्रति हो रहे सवेरों में 120
वनों में भटकते हुए 122
समकालीन अँधेरे में 124
धम्म के वृक्ष पर 126
पार पहुँचाने का भ्रम 128
वह जो हँस रहा है 130
श्वेतवर्णी जनों का ईश्वर अलग है 132
शेष सब 134
काशी में 137
निज धम्म का मुख है 139
श्मशान के निकट रहते हुए 141
अखंड श्मशान के छोर पर 144
हुतात्माओं ने 147
जानते हुए भी 151
वे भयभीत हैं 153
चित्रशिला घाट के किनारे 155

भूमिका

[धम्मनिट्ठ वग्गो का यह पृष्ठ भद्रक को महापरिनिर्वाण के समय बुद्ध की शय्या के पैताने मिला, यह पिटक में सम्मिलित नहीं है। भद्रक अपने नव चर्यापदों के संग्रह में भूमिका के रूप में इसे प्रस्तुत कर रहा है।]

भिक्षु!
हिरण्यवती के प्रवाह को देखो
वर्षा में
वह संसार के प्रपंचों की भाँति
वेगवान है

मुझे इस काल
विगत
कई वर्षों से
यशोधरा के अश्रुओं का
स्मरण
हो आता है
जिनके विषय में कभी-कभी
बताती रहीं मौसी

महागौतमी

तब मैं कहता हूँ
धर्म वह नाव नहीं है जिस पर चढ़
तुम प्रवाह को पार करते हो

प्रवाह में उतरकर
तैरना धर्म है

दो वर्ष* हुए
इसी धर्म-मार्ग पर हूँ भिक्षु
सभी को
इस पर बुलाता हूँ

माथे पर अदृश्य सजा हुआ
मुकुट नहीं है धर्म

बहुत ढूँढ़ोगे
तो वह प्रविविक्ति में नहीं
ग्रामों-नगरों के
कोलाहल में
भटकते
किसी पथभ्रष्ट स्थविर के
तलुवों में मिलेगा
गड़ा हुआ

---

* महापरिनिर्वाण से दो वर्ष पूर्व यशोधरा की मृत्यु हो गई थी।

1

अन्न माँगो उस घर से
जो विपन्न हो

उजड़ा हो दुर्भिक्ष में उस गाँव जाओ

उस व्यक्ति से मिलो
जिससे मिलना सबसे सरल हो
और जिसकी तरह जीना
सबसे कठिन

भिक्षु
अभी तो दीक्षा का आरम्भ है
करुणा पर चर्चा
फिर कभी

2

जल नहीं था
किसी भी ऋतु में
गए बरस

नदियों के तल छिछले से
छूँछे होते गए

नागफनी के सिवा
किसी और
वनस्पति के तने पर विश्वास
नहीं कर पा रही थी
दुख की चिरैया

भरी दुपहरी
माथे से
बहती स्वेद-बूँदों पर
बार-बार
बैठ रही थी
छोटी सफ़ेद तितली

भन्ते!
मेरी देह का नमक चाट रही
वह तुम्हारी
जगप्रसिद्ध करुणा तो
नहीं थी?

3

मैं अब भी उतना ही अबोध हूँ
मैं अब भी उतना ही भ्रमित हूँ

मुझे पथ नहीं मिलता था
और
मुझे पथ नहीं मिला है अब तक

हालाँकि
आप वही नहीं रह गए
भन्ते
लेकिन मैं वही भद्रक हूँ

मुझे ध्यान से देखिए
प्रतिदिन
एक नई क्रूरता से जूझता हुआ
इस संसार में
अब
मैं अमर हो गया हूँ।

4

लुहार के घर से माँगा भोजन
खाने के बाद
बुद्ध शय्या से न उठ सके

महानिर्वाण से पहले रोया
लुहार
स्वयं को धिक्कारता

यह एक कथा है.
इसमें कुंडा नामक उस व्यक्ति के
लुहार होने का
विशेष उल्लेख है

स्पष्ट है
कि कुंडा का पेशा-भर बताना यहाँ
अभीष्ट नहीं था

भन्ते!
वह आज भी अभीष्ट नहीं है

चतुर शिष्यों ने
आपके जाने की कथा चलाते हुए
विवरण बढ़ाते हुए
इसमें लुहार रहने दिया

इस परम्परा में
व्याकुल भटकता है भद्रक
और पाता है
कि आपके सिवा कोई और
कभी
अपना दीप आप बन नहीं पाया

धम्म के शिखर सदा
मौन ही रहे
देह में कुलबुलाते रहे
अधर्म के चूहे

करुणा
उनके भी साथ रही?

5

मृत्यु की
देह के नष्ट हो जाने की
घटना
निर्वाण कह देने से
गरिमापूर्ण
नहीं हो जाती

भन्ते!
निर्बलों की हत्या ही हुई है सदा
क्या उन्हें
निर्वाण प्राप्त हुआ?

अपने दुख में लिथड़े
वे जीवित रहना चाहते थे
लड़ना चाहते थे
संसार के संघर्षों के बीच
अपने जैसे अनगिन जनों के साथ
वे सन्धान करना चाहते थे
उस तथ्य का

जिसे करुणा कहा गया

निर्वाण
मृत्युपूर्व भी सम्भव है
इसी समझ
और इसी हठ में
आपके निर्वाण पर
मैं बिलख उठा था

मैं आज भी बिलख ही रहा हूँ
भन्ते!

6

सम्राटों और राजकुँवरों
सम्राज्ञियों
और राजकुँवरियों ने
धम्म की ध्वजा उठाई
हिमालय
और
समुद्र पार गए

मैं प्रश्नाकुल ही रहा आया
शताब्दियों तक
आज भी बौखलाया-सा घूमता हूँ

आनन्द या रानी खेमा नहीं हूँ
वे मृत्यु को प्राप्त हुए
या निर्वाण को
कह नहीं सकता

अपनी कथा क्या कहूँ
अमरत्व

निर्वाण की सबसे बड़ी
बाधा है

कितनी बार बताऊँ
किस-किस को बताऊँ
कि मैं अमर हुआ जाता हूँ
भन्ते
मेरे माथे पर गाड़
फहराई गई धर्मध्वजाओं के
विरुद्ध
मेरी अमरता
अब एक बड़ी चुनौती है

और
मेरे इस दुख पर
शताब्दियों पहले
कहीं
किसी वार्ता में बैठे हुए
आप मुस्कुराए हैं

भन्ते!
शिष्यों ने प्रचार किया
करुणा का
        व्यंग्य को समझना
        और कहना तो छूट ही गया
        महिमामयी
        इस परम्परा में!

7

गंगा में
कछुओं की डुबकियाँ
किसी तरह का
निर्वाण नहीं हैं

एक संसार से दूसरे संसार में
आते-जाते रहते हैं वे
कुतर लेते हैं
अधजले शवों का मांस

घाट पर भद्रक का हृदय
करुणा से नहीं
जुगुप्सा से भर जाता है

वह
रात्रि-शयन के लिए काशी में नहीं टिकता
सारनाथ चला आता है

और
निर्वाण तो सारनाथ
चले आना भी नहीं है

सुबह भिक्षाटन के लिए
फिर काशी ही जाना है

गंगा में डुबकी लगाते कछुए
भिक्षा को
कभी मना नहीं करते।

8

मुंडित स्त्रियों के स्वप्न
किसको आ सकते हैं
भन्ते?

किन्तु
थेरी शुभा ने समाज में
पाप की उन जड़ों को भी देखा था
जो घुस आई थीं
भिक्षुणी-संघ के
निरापद विहारों तक

निर्वाण से ठीक पूर्व
आई थी मौसी महागौतमी
आपके पास
कुछ कह नहीं पाईं
आप जैसे पुत्र के लिए
अपनी बहन को सराह
वापस चली गईं

मुझे कह लेने दें
कि मुंडित हो जाने से
समाज के भीतर
स्त्रियों के प्रति उपस्थित प्रेम तो कुछ नष्ट हुआ
किन्तु पाप थोड़ा भी नहीं मरा

मैं भद्रक
निर्लज्ज हो कहूँ
तो मेरे भीतर भी
कुछ पाप बचा रहा
पर बचा रहा
प्रेम भी

भन्ते!
मुझे बताइए
कि क्यों मेरी मनुष्यता
इसके लिए
मुझे धिक्कारती नहीं
ढाढ़स ही बँधाती है!

9

मुझे आज
हत्यारों की रसोई का अन्न मिला
भन्ते!

अनुभव किया
कि शरीर में जीवन कितना और
किस तरह निवास करता है
पता नहीं
पर मृत्यु निवास करती है
हर तरह
हर जगह

मैं बँधा हूँ बँधे वधिक भी हैं
लेकिन
भद्रक के अनुभव में
वधिकों के नाम नहीं हैं

भन्ते!
अवश्य ही वे आपके अनुभव में हैं

थेरगाथा में वधितों के
जो नाम हैं
चकित है यह भद्रक
कि थेरीगाथा में ठीक वही नाम
वधिकों के भी हो सकते हैं

पता नहीं
यह दुख का विषय है
या करुणा का
कि सदा कुछ उदान ही रहे
हमारे साथ

निदान
कोई भी नहीं।

10

शारिपुत्र थे धर्मसेनापति
नालन्दा में

मैं भद्रक
सारनाथ में सेवक-भर था

मैं भद्रक
सारनाथ में सेवक-भर हूँ

कभी
शारिपुत्र नाम नहीं उचारा मैंने
सारिपुत्त कहने से ही
उस धम्म का पता चलता था
जो राजाओं से नहीं
प्रजा से
सम्बोधित था

स्वप्न में भी
किसी को दुख पहुँचाने की बात

मन में नहीं लाते थे
शारिपुत्र
वे संतुष्ट, वीतरागी, जितेंद्रिय
स्थविर थे

पापनिंदक, असंतुष्ट, प्रविविक्त
और उद्योगी था
सारिपुत्त

भन्ते!
शारिपुत्र ने धर्म की महिमा बचाई

आत्मा बचाई सारिपुत्त ने।

11

आज
रंग एकादशी है
भन्ते
होरी का चीर बाँधा है
मैंने

भद्रक
इसी चीर के साथ
भिक्षाटन को
जाएगा
भिक्षा लेगा तो अबीर का
टीका लगाएगा
दाता को

अवश्य सुननी चाहिए
पर संघ सुनना पसन्द नहीं करेगा
जो होरियाँ
भद्रक अब होरी तक

काशी के मुहल्लों में
गाएगा

लो
वह धर्म की शरण में आता है
वह संघ की शरण में आता है

फागुन में उसे सँभालो
भन्ते!
वह आपकी शरण में आता है।

12

हम
क्यों स्थविर कहलाए गए
भन्ते?
जबकि
हमारे हृदय भी काँपते हैं
उस वृक्ष के
सूखते पत्तों की तरह
जो कथानक में
बोधि है
प्रकृति में पीपल

कथानक में
कल्पना बहुत होती है
भद्रक!
प्रकृति में यथार्थ

तो क्या काशी कथानक है भन्ते
और सारनाथ प्रकृति?

नहीं
काशी पीपल है भद्रक
और सारनाथ बोधि

मैं वही कह रहा हूँ
जो तुम कह रहे हो
भद्रक!
पर ठीक वही नहीं कह रहा हूँ

फिर ऐसे में
धर्म क्या है भन्ते हमारा?

कल्पना और यथार्थ
कथानक और प्रकृति
बोधि और पीपल
के बीच
जो संसार है अछोर
अपार

भद्रक!
वही धम्म है हमारा

13

मैंने
प्रथम उपदेश सुना है
भन्ते!

महाकश्यप नहीं हूँ
कि कुछ जानूँ
कुछ न जानूँ
जानने के बाद जानूँ
कि जानने से पूर्व कुछ भी नहीं जानता था

मेरी जिज्ञासाएँ
अपूर्ण ज्ञान से नहीं
सम्पूर्ण अज्ञान से जन्मी हैं

महाकश्यप
आप तक पहुँचने से पूर्व भी
बड़े ज्ञानी
प्रकांड पंडित थे
भन्ते

आपसे मिलकर जाना
कि कुछ भी नहीं जानते थे

मैं भद्रक
कुछ भी न जानता था

मैं भद्रक
अब भी कुछ नहीं जानता हूँ

यह मेरा
नहीं जानना ही है
भन्ते
कि अतीत
प्रत्युत्पन्न
और
अनागत
सभी कालों में व्याप्त है
मेरा अस्तित्व

मैत्रेय बुद्ध होंगे
तो मैत्रेय भद्रक न होगा
क्या?

14

आपके भी
वंश का नाम लिया गया
भन्ते
आपको क्षत्रियकुल गौरव
कहा गया

आप भी
गोत्र से पहचाने गए
शाक्यमुनि
कोई दूसरे नहीं थे भन्ते

राजकुल
बहुविधि साथ और पास
बना रहा

आपकी शिक्षा अनुसार
एक मैं भद्रक ही
भूला आपका राजकुल जाति गोत्र गौरव

हुआ सहजिया
चौदह सौ वर्ष पहले
निर्वाण तो नहीं मिला
पर मिली
उससे भी शानदार
एक व्याकुलता

आपकी ही देन वह
मेरा धम्म है

भन्ते
उसी का प्रचार करता हूँ मैं
इन दिनों

15

मुझ में ही महायान के बीज थे
भन्ते
मेरे थेर होने में हरसम्भव कमी
रह गई थी

मैं अकेला होने से डरता था
भीतर के प्रकाश-भर से
मेरा काम नहीं चलता था

आपसे अधिक कोई नहीं जानता
कि मुझ जैसों की
परस्परता भी धम्म ही थी

आपके अनुयायी बने
राजकुलीन स्थविरों को मालूम ही न हो शायद
कि प्रजा के घरों में
दीवट पर धरे

अनगिनत दीप धुआँ हो चुके
भन्ते

पिछले सैकड़ों वर्षों में
परस्पर प्रकाश के लिए

16

मैं हमेशा से हताश नहीं था
भन्ते

मुझ में से आशा गई
पर जीवन बना रहा

मैं महीनों
बस्ती के सबसे वंचित व्यक्ति के द्वारे खड़ा रहा
भिक्षा के लिए

इतने महीने
मैंने क्या खाया
मत पूछिए

भन्ते
मैं उस द्वार से रिक्त-पात्र भले
लौटा हूँ
रिक्त-हृदय

रिक्त-मन
नहीं लौटा

मैंने
हताशा में जिस नदी का
जल पिया
उसी का क्षीण प्रवाह
मेरी धमनियों में है

यह भी
बहुत बाद में जाना
कि उसी नदी को
आपने
करुणा कहा है।

17

उरुवेला
अब भी वहीं है
आपको
स्मरण होगा

कौंडना स्मृति में है भन्ते?
असाजी?
वापा?
महामना?
और मैं?

मैं तो निर्वाण समय भी
उपस्थित था
इसी कारण
कुछ अधिक बच गया हूँ

जो स्वयं न बचे
जिनकी कीर्ति बची बहुत सारी
वे शिष्य

सम्राट क्षत्रिय, ब्राह्मण, श्रेष्ठि ही
क्यों हैं
वे तपस्सू और काल्लिक
क्यों नहीं हैं भन्ते

मैं स्वयं ब्राह्मण
उन दोनों के वर्ण का नाम भी लूँ
तो जिह्वा कट जाए मेरी
चलूँ सदा धम्म की ही राह

और अगर
धम्म की राह चलूँ
तो फिर
उस राह का क्या करूँ
जिस पर
अब आपके कुलीन शिष्यों की
कीर्ति की
राख-भर बची है?

18

मनुष्य को
प्राण चले जाने का भय होता है
भन्ते

इस भय को
स्थविर होकर नहीं
सहजिया होकर
अधिक गहराई से
समझा मैंने

प्राण व्याघ्र हर लेगा
इस भय से
मृग हर पल चौकन्ना रहता है
पर इस कारण
रोगी नहीं हो जाता

मनुष्य भय से रोगी हो जाता है
और रोग से भयभीत

भद्रक इन प्रहेलिकाओं से
ऊब चुका है भन्ते

उसे मृगदाव याद आता है

उसे अकस्मात निर्वाण नहीं
आपसे यह आश्वस्ति चाहिए
कि करुणा
सदा उसके हृदय में रहे
पर वह स्वयं
अपना जीवन
करुण न जिये

निर्वाण और ज्ञान नहीं
उसके मुख पर
मनुष्यवत स्वाभिमान
अधिक सोहता है
भन्ते!

19

देवानाम पिये पियदस्सि
लाजा हेवम अहा

भन्ते वह सम्राट
बिला गया
जाने कहाँ

वह क्रूर शासक
जीवन भर
जीवों का जीवन ही
हरता रहा

प्रसंगोचित करुणा उपजी
उसके हृदय में
जब अन्तिम बच गया राज्य भी
उसने विजय किया

वह संघ की शरण में आया
वह धम्म की शरण में आया

वह आपकी शरण में आया

मनुष्य जाति के इतिहास में
महान कहाया

उसे स्वयं को
प्रियदर्शी नहीं

दूरदर्शी कहना चाहिए था
भन्ते

संघानाम पिये दूरदस्सि
लाजा हेवम अहा

20

इक्कीसवीं शताब्दी में
रहते हुए
भद्रक प्रकाश की खोज में
रहने लगा है

जबकि कथित संसार में
दिन-रात्रि
चहुँओर
प्रकाश ही प्रकाश है

कई-कई स्रोत प्रकाश के
कई-कई साधन

इतना प्रकाश है
कि भद्रक प्रकाश की खोज से
थकने लगा है

उसके भीतर जो जल रही है
वह अग्नि

संसार को प्रकाशित नहीं करती

बाहर जो प्रकाश है ठंडा
अस्थियों तक को
ठिठुराता है
भीतर की हर अग्नि को
बुझाता है

जिज्ञासा नहीं
इस तथ्य का प्रकाशन-भर
करना है
आपके सम्मुख
कि प्राचीन ज्ञान की
अग्नि
ताप तो बहुत पैदा करती है
लेकिन
समकालीन इस हृदय में
उससे
उतना प्रकाश
अब होता नहीं है
भन्ते!

21

ढाई सहस्त्र वर्ष
भद्रक ने किया ही क्या है
इस संसार में
सिवा प्रतीक्षा के?

प्रतीक्षा में जाना
कि दुख
ज्ञान से अधिक पीड़ा का अनुभव
कराता है

थिर से थिर मनुष्य भी
कलप-कलप जाता है

ब्याज-स्तुतियों के बीच
सामान्य
और कोलाहल के बीच
प्रविविक्त रहे आना
आपको ही
शोभा देता है भन्ते

भद्रक से ऐसी आशा
अस्वाभाविक है

और
आप ही की कही गाथा है
भगवन
कि जो कुछ भी
अस्वाभाविक है
वह धम्म नहीं हमारा

22

मैं
गौतम बुद्ध का समकालीन रहा
और मैत्रेय का भी समकालीन
रहूँगा
हे अवलोकितेश्वर!

संसार
आपके सत्संग में
सुधर नहीं गया था
उसने
धम्म के ध्वज तले भी
एक समकालीन
साम्राज्यवादी अभियान
सदा जारी रखा

इस तरह
समकालीनता एक गाथा है
अनाचार की

मैं समकालीन हो
सहता हूँ जिसे

और विकट प्रसन्न समकालीन
इस राज्य में
रह-रहकर स्मरण हो आता है आप ही का स्वर
को नु हासो?
किमानंदो?*

जब सभी सुखी प्रतीत होते हों
भन्ते

तम दिखाई ही न दे
किसी को
तब कहाँ से आए प्रेरणा?

कौन करे
और क्यों करे प्रदीप की
गवेषणा?

---

* को नु हासो किमानंदो निच्चं पज्जलित
अन्धकारेन ओनद्धा पदीपं न गवेस्सथ
(146, जरावग्गो, धम्मपद, खुद्दकनिकाय, सुत्तपिटक)

23

वेरिनेसु अवेरिनो
आतुरेसु अनातुरा

आपके सिवा ऐसा कौन हो सका भन्ते?

मैं तो नहीं

घिरा बैरियों में
मैं और किसी का नहीं
स्वयं का तो
बैरी ही रहा सदा

आतुरों के बीच
मेरी अपनी भी आतुरता
कम नहीं थी

मुझ जैसों के लिए ही था
धम्म का प्रकाश

हर ले गए
कुलीन प्रचारक

कहलाए जनहित साधक

भद्रक
सदा याचक ही रहा

इधर बहुत नहीं
ज्ञान के थोड़े से मनुष्यवत
प्रकाश में
उसके नेत्र
अर्द्धनिमीलित क्यों रहते हैं?

भन्ते
क्या वह शनैः शनैः प्रकाशित हो रहा है
कि थकान का मारा
सो रहना चाहता है
संसार के
हर ज्ञान अज्ञान का बोझा
अपने सिर से उतार

24

पेमतो जायती सोको*

वह शोक भी
मनुष्यों को प्रिय रहा
जो उपजा प्रेम में
हृदय जिससे बोझिल रहे आए

जो ले गया हमें
अज्ञात स्थानों, समाजों और
स्वप्नों तक

एक सीमा तक
प्रेम ने भी धम्म का ही कार्य किया

पेमतो जायती भयं
बहुत साहसी वीर भी विचलित हुए

---

* पेमतो जायती सोको, पेमतो जायती भयं
पेमतो विप्पमुत्तस्स, नत्थि सोको, कुतो भयं
(213, पियवग्गो, धम्मपद, खुद्दकनिकाय, सुत्तपिटक)

खोया अधिक प्रेम में
हर किसी ने
पाया बहुत कम

भन्ते!
संसार में से प्रेम घटा दूँ
तो क्या जोड़ दूँ कि मनुष्य बना रह सकूँ?

प्रेम से विहीन कोई सुख
जीवन में
कैसे सम्भव हो?

मैंने करुणा से काम चलाना चाहा
पर वह प्रेम का विकल्प
नहीं हो सकी

मेरी मनुष्यता का मुख
जिस अभिमान से प्रकाशित है
उसे प्रेम ही कहना होगा

भगवन!
अब शोक उपजे या भय
मुझे बचना है
तो निरन्तर प्रेम में ही
रहना होगा

25

माँगने-भर से
कोई भिक्षु नहीं हो जाता
न होता है
किसी विषम कठिन धर्म को
धारण करने से*

प्रजातंत्र की प्रजा
भिक्षु होना चाहती भी नहीं है
भन्ते
वह प्रकृति-प्रदत्त जीवन को
जीना-भर चाहती है

प्रजातंत्र जो विषम धर्म होना चाहिए था
सत्ताओं के लिए
वह दिनोंदिन कठिन होता गया
प्रजा के लिए

---

* न तेन भिक्खु सो होति, यावता भिक्खते परे
विस्सं धम्मं समादाय, भिक्खु न होति तावता
(266, धम्मट्ठवग्गो, धम्मपद, खुद्दकनिकाय, सुत्तपिटक)

प्रजा माँगते-माँगते मर रही है
प्रजा के बाल पक गए हैं
हारते-हारते प्रजा
पिछले कई वर्षों से
सत्ता के
असत्य और प्रमाद को भी
उसका
राजधर्म मानने लगी है

भन्ते!
ऐसी प्रजा को थिर करने का
कोई मार्ग है क्या?

कोई ऐसा प्रकाश
जो कथित प्रकाशों की फैलाई
कालिख मिटा सके
समकालीन इस प्रजातंत्र में?

26

नत्थि रागसमो अग्गि*
माना
माना कि राग समान कोई
अग्नि नहीं भन्ते
पर जो जीवन है हमारा समूचा
रागमय
उसको विरागी करें तो
कैसे बचाएँ मनुष्यता

इस पृथिवी पर
हम तो राग के ही सहारे
पशुओं तक का
मानवीकरण करते हैं

प्रकाश के साथ-साथ
थोड़ी अग्नि भी आवश्यक है

---

* नत्थि रागसमो अग्गि, नत्थि दोससमो गहो
नत्थि मोहसमं जालं, नत्थि तण्हासमा नदी
(251, मलवग्गो, धम्मपद, खुद्दक निकाय, सुत्तपिटक)

मनुष्य के जीवन में
आँखों के आगे अन्धकार ही नहीं
हृदय में शीत भी होता है
जिसके गले बिना कैसा निर्वाण?

हाँ!
नत्थि रागसमो अग्गि
पर थोड़ा और विचार कर कहें
भगवन!

थोड़ा राग
बना रहने दें हम जीवन में?

विराग के लिए
एक दिन ठीक उसी की
आवश्यकता होगी
हमें।

27

आपका
निर्देश था कि पविवेक रसं पित्वा*

मुझसे
वह रस पिया ही नहीं गया
निपट एकाकी मैं
कहाँ रहता?
कैसे रहता?

क्या सचमुच
वह रस ही था भन्ते?

प्रविविक्त हो
वैराग्य प्राप्त करने में
ज्ञान भले हो
रस कैसे हो?

---

* पविवेक रसं पित्वा, रसं उपसमस्स च
निद्दरो होति निप्पापो, धम्मपीतिरसं पिवं
(205, सुखवग्गो, धम्मपद, खुद्दक निकाय, सुत्तपिटक)

रस तो राग में है
रस उस आग में है
हृदय की देहरी पर जो जलाई जाती है
प्रिय के निमित्त
आँच और प्रकाश के लिए

मैं स्वयं
जल रहा हूँ उसी आग की तरह
ढाई सहस्र वर्ष से

निर्वाण ही
इस प्रज्वलन का
ठीक-ठीक
उद्देश्य है यह मैं
कह नहीं सकता

मैं किसके हृदय की देहरी पर
जल रही आग हूँ?

कुछ आप ही कहें
भन्ते!

28

तस्मा पियं न कयिराथ
पियापायो हि पापको*

प्रिय से वियोग का दुख न हो
इस कारण किसी को
प्रिय ही न करूँ
इतना प्रकाश कभी नहीं पाया भन्ते

प्रकृति ने ही
मनुष्य को प्रज्ञा दी
प्रकृति ने ही
उर में प्रेम बसाया

प्रकृति के विरुद्ध जाए
ऐसा तो
धम्म नहीं हमारा

---

* तस्मा पियं न कयिराथ, पियापायो हि पापको
गंथा तेस न विज्जन्ति, येसं नत्थि पियाप्पियं
(211, पियवग्गो, धम्मपद, खुद्दक निकाय, सुत्तपिटक)

अध्यात्म के ही रहवासी हो रहें
तो क्या करें
अपने जीवधर्म का?

प्रकाश से भी
पहले जीवन पाया है हमने
पृथिवी पर
हर प्रकार की निर्जनता को
नष्ट करता
यह राग संजीवनी
थाट विश्व कल्याण

सृष्टि पर छाए हर अन्धकार में
जीवन
क्या कम बड़ा प्रकाश था?

अत्याचारी
हर हाल में
हर लेना चाहते हैं जिसे
वह जीवन
अब भी क्या कम बड़ा प्रकाश है
भन्ते?

29

कितने ही श्वेतकेशी मिले
दीर्घजीविता उनकी
व्यर्थ ही रही ऐसा कैसे कह दूँ*
भन्ते?

उनकी आयु के
ढल जाने के पीछे एक विरासत थी
समूचे जीवन की

जर्जर वृद्ध
दुख के बने वे शरीर
उन्हीं राजाओं के सम्मुख
आजीवन झुके रहे
जो आपके विकट अनुयायी
और
प्रचारक बने

---

* न तेन थेरो सो होति येनस्स पलितं सिरो
परिपक्को वयो तस्स मोघजिण्णो ति वुच्चति
(260, धम्मट्ठवग्गो, धम्मपद, खुद्दक निकाय, सुत्तपिटक)

हमारे धम्म में
सम्राटों को तो निर्वाण मिला
लेकिन प्रजा को
सम्राटों द्वारा निर्दिष्ट मृत्यु
या आपके द्वारा
मोघजीर्णता का उलाहना?

मैं भद्रक
बौराया-सा धम्मपद टटोल रहा हूँ

और टटोलने की
मेरी यह भाषा
कोई संध्या-भाषा नहीं है
भगवन!

30

नवरात्रि है चैत्र की
भगवन
साधना के लिए सर्वोपयुक्त समय

जीवन के अलोप में
ढाढ़स बँधाता एक स्वर शनैः शनैः
चढ़ता जाता है
        मनुष्यता के संरक्षण में
        सहायक हों
        नवशक्तियाँ

स्मरण हो आती हैं
माया माँ

महानिर्वाण के
नौ सौ वर्ष बाद देवियों का पूजन
हमने और सनातनी कर्मकांडी समुदाय ने
साथ ही
आरम्भ किया
भन्ते

वृहत्तर भारतीय समाज ने
दोनों को ही अपनाया
बढ़ाया

यह
समान भावभूमि का प्रसंग है
इसे धर्मकीर्ति, वज्रबोधि
और अमोघवज्र ने
तिब्बत और चीन तक
पहुँचाया

तांत्रिकों ने ढूँढ़ा
वज्रवाराही,
वज्रयोगिनी, नैरात्मा को
इक्कीस रंगों वाली
तारा भी
सदा सहाय रहीं

यह भूमि ऐसी ही
विचित्र और समर्पित है
आज भी
बौखलाई-सी रहती है

यह जो द्वाभा है
भन्ते
धम्म की
इसे भी प्रकाश ही
कहेंगे न?

31

भद्रक ने
प्रतीक्षाओं के कई कारण देखे
समाज में

देखा कुछ प्रतीक्षाएँ व्यर्थ
हुई जाती थीं
जैसे राजाओं में
मनुष्यता की प्रतीक्षा

वे क्रूरता से सीधे करुणा पर
आ जाते थे
अधिकार से वैराग्य पर

संलिप्तता से निर्लिप्तता की
उनकी यात्रा का
यह शस्त्र
सदा अमोघ साबित हुआ

हर गौतम
बुद्ध नहीं हो जाता भन्ते

संरक्षक
साधारण परिवारों के सदा
वैसे ही रहे
संसार में खटकर
अपमानित होकर भी
अन्न-वस्त्र लाते रहे
उनके वास्ते
जो उनके सहारे थे

ज्ञान के लिए
अपनों का सहारा नहीं छीना
उन्होंने
उनका मुख भी प्रदीप्त था

हिलता
काँपता
थरथराता
सृष्टि में उनके होने का
उजाला

यह कोई प्रतीक्षा ही थी
कि जल नहीं
जन के हृदय में अब भी
गाढ़े धुएँ से भरी
एक आग है

रह-रहकर
किनारे पर पछाड़ें खाता है जो

हमारे क्रोध और पश्चात्ताप का
झाग है

सहस्रों वर्ष की प्रतीक्षाओं में
जाना है हमने
कि आस हो न हो
प्रतीक्षाओं का अपना ही
एक प्रकाश
अवश्य होता है
भन्ते!

32

न तावता धम्मधरो
यावता बहु भासति*

उपदेश करने-भर
धर्म धारण किए रहे थेरों से
आपका सामना
अवश्य हुआ होगा

तभी यावता तावता की यह टेक
धम्मट्ठवग्गो की
आत्मा का स्वर बन गई

आपने बहुत बरजा
बहुत बोलने के विरुद्ध
स्वयं आपको
बहुत बोलना पड़ा
पर जो स्थिर हो गए मार्ग पर

---
* 259, धम्मट्ठवग्गो, धम्मपद,खुद्दक निकाय, सुत्तपिटक

मार्ग सदा
उन पर पछताया
मेरे भी चारों ओर
बहुत बोलते हैं
लोग

विकटज्ञान
निपट मूर्ख
जड़ मूढ़ कथित स्थविरों ने
मेरा संसार डुबो दिया है
भगवन

सुनिए
कि इस अतल ज्ञानकुम्भ में
जल की
निर्जन शीतलता के भीतर
कहीं
कछुए की डुबकी सरीखी
मेरी भी
एक आवाज़ आती है।

33

मैं स्वयं को दोहराता रहा हूँ
भगवन
अपनी इस
अमोघ आयु-भर

मैंने
शासकों की धर्मनिष्ठता से
बहस की
सम्राटों की करुणा पर
सन्देह किए

यद्यपि
बड़े जतन से ओढ़ा उन्होंने
मगर श्रेष्ठियों का चीवर
सदा रक्तरंजित ही लगा मुझे

इस चक्र-परिवर्तन में
यही मेरा धम्म था भन्ते
यही मेरा धम्म है

आप जब-जब मैत्रेय बन आएँगे
मुझे अपने दिखाए
धम्म के इसी मार्ग पर पाएँगे।

34

दृषद्वती और सरस्वती
मुझे लुप्त हो चुकी नदियों के कछार
याद आते हैं
वो मीठे खरबूजे
जिनका उल्लेख किसी भी पिटक में आने से
रह गया

लेकिन लोक में उनका स्वाद
निर्वाण-सुख से भी ऊपर
रहा सदा

शास्त्रों में नहीं
लुप्त नदियों के प्रसंग
दुख की तरह बने रहे
लोकमन की दरारों में
वे
आज भी
फाँस की तरह चुभते हैं

कोई सम्राट
कोई धर्माधिकारी
याद नहीं करता दृषद्वती को

सरस्वती को याद करते हैं
वैदिक महिमा के
पुजारी

मैं याद करता हूँ
खरबूजों को
जो ऋतु आने पर आज भी
बहुतायत में
मिल जाते हैं
ग्रीष्म के घायल कंठों में
झरता
वह मीठा ठंडा रस
नदियों से उनके कछारों के
रंग-राग का

धम्म की तरह
आत्मसात किया लोक ने उसे
भगवन
आपकी गाथाओं की तरह सहेजा
खरबूजे के बीजों को

प्रसन्नमुख मैं देखता हूँ
लोक में
उसका श्रेष्ठतम धम्म बचा है

और बचा है खरबूजा
रेती पर कोमल पतली लतरों में
पत्तों के बीच
चमकता गमकता
वह हमारे धम्म की करुणा है
भन्ते
जो लुप्त नहीं हो गई है
दृषद्वती की तरह।

35

स्वाधीन रहने की चेतना
कैसे तृष्णा कहाए?

देश से प्रेम
क्यों कोई समुदय हो भन्ते?

बैसाखी के दिन
पिछले सौ वर्ष से भद्रक
यही सब सोचता है

उसे आपकी करुणा
किसी विलुप्त पक्षी की तरह
याद आती है

चहुँओर खुला मृगदाव ही नहीं
सब ओर से बन्द
जलियाँवाला भी एक बोधभूमि है
भगवन

वहाँ
एक कूप है जनता के रक्त का
और उससे सिंचित एक वृक्ष
पीपल का

जिस पर आज भी
सम्राटों और सम्राज्ञियों की
कथित करुणा से भरी
निर्वाणाकांक्षी
आत्माएँ रहती हैं

36

यह भी
निर्वाण ही है
कि लुम्बिनी में
फलती हैं लीची
वनों में
मधुमक्खियाँ लीची का
मधु बनाती हैं

स्त्रियों के पास उपहार में
मायके से
लीचियाँ भी आती हैं

मेरा अनुमान है
भन्ते
कि जिस उद्यान में आपका
जन्म हुआ
उसमें अवश्य रहे होंगे
लीची के वृक्ष

हर वर्ष की तरह
नेपाल की तराई में बौराई होगी
लीची

आपके उपदेशों में
पकती लीची का सुवास है

छिलका उतरते ही
चमकता है जो
वह भी जीवन में एक बड़ा
प्रकाश है

धम्मपद के अलावा
मैं लीची से भी प्रकाशित हूँ

लीची-भर तृष्णा
आयु-भर वैराग्य के लिए
क्यों इतनी आवश्यक है
भगवन?

37

साधना और ज्ञानजगत में
पीपल ने
अपनी एक परम्परा का
निर्माण किया है
जो स्वभावत: ही नीरस
और प्रविविक्त है

आम का वृक्ष होता
यदि
बोधिवृक्ष
तब भी धम्म में
राग, प्रेम और तृष्णा का
इतना ही
निरोध होता भगवन?

आज भी
जेठ के महीने में भद्रक
आम का बगीचा नहीं छोड़ता

रखवाली का काम माँग लेता है
मालिक से

हर ग्रीष्म में
वह कुछ अधिक प्रकाशित होता है
और पाता है
कि दुख के कई समुदय हैं

उन में भी
तृष्णा निश्चित ही
एक बड़ा समुदय है

और डाल से गिरा
पका महकता आम उसका
श्रेष्ठतम निदान
भन्ते!

38

मैं प्रविविक्त हुआ
तब भी
पक्षी चहचहाते और गाते रहे
मिलन के लिए
अपने जीवधर्म का
पालन करते हुए

उनके उदर में क्षुधा
और हृदय में तृष्णा
मुखर
उपदेश करती रही
कि अनात्म नहीं है
पृथिवी
भन्ते, झूठ नहीं बोलूँगा
मैंने स्वयं अनेक बार
उस आत्मा का साक्षात्कार
किया है
वह माँ की गोद सरीखी

विपुला
और मृदुल है

जो धम्म के भीतर है
निर्वाण का
उसके भीतर भी
ठीक वही
शीतल जल है

मेरे पीपल तक
बेला की महक आती है
नेत्र बन्द हों
तब मुझे हर ओर फूले
कनेर दिखते हैं

क्या मैं भद्रक
धर्मचक्र-परिवर्तन के लिए उपयुक्त
व्यक्ति था?

हाँ भगवन!
मैं ही सर्वोपयुक्त व्यक्ति था
मैं ही सर्वोपयुक्त व्यक्ति हूँ
आज भी

प्रकृति ने
इतना सम्पूर्ण गढ़ा है
मुझको
कि चहुँओर की समृद्धि के

बीच भी
विलाप सकूँ

जैसे धम्म के चहुँओर
प्रकाश और प्रसार के बीच
महानिर्वाण पर
मेरा वह विकल विलाप

जो
आपके अन्तिम उपदेश में
अमर हुआ भन्ते
बिलकुल मेरी तरह।

39

दया करते हुए
सम्राटों ने जताया कि वे
करुणा से भरे हैं
भ्रमित हो गए
ज्ञानचक्षु स्थविर तक

इतिहास में
इतनी करुणा होते हुए भी
प्रजा की स्थिति
सदा कारुणिक ही रही

प्रचार के लिए
आपका दिया प्रकाशवान
धर्म था
तो शस्त्रों की आवश्यकता नहीं थी
सम्राटों को
विजय के लिए
उन्होंने

आपकी गाथाओं का प्रयोग
मंत्र की तरह किया

दुख के समुदय
सम्राट और साम्राज्य भी
हो सकते हैं
यह केवल आपने सोचा
और परित्याग किया

आपकी करुणा
एक मिथक है
समकालीन इस प्रजातंत्र में

और
शासन करने के लिए
शासकों को
उसकी भी
कोई आवश्यकता
अब रह नहीं गई है
भन्ते!

40

हतप्रभ और हताश
मैं आपकी शरण में न आऊँ

पराजित और हतदर्प
वरण न करूँ संघ का

बहुत अवसाद में
धम्म के प्रदीप अन्धा भी
कर सकते हैं
भन्ते

मैं
मैत्रेय बुद्ध की शरण में
आऊँगा

धम्म के प्रदीप की कालिख
तब मेरे नेत्रों का
अंजन होगी

संघ में
नष्ट हो चुके होंगे
हठ, अहंकार और प्रमाद
वहाँ
एकाकी थेर न होंगे
मनुष्य होंगे

सब प्रकार से प्रकाशित
मैं मनुष्यों की
शरण में आऊँगा

साम्राज्य न होंगे
प्रजातंत्र होगा
तो मैत्रेय भी होंगे साधारण
के बीच
साधारण के लिए
साधारण की तरह

कोई
अलौकिक आभामंडल न होगा
गाथाओं सरीखा
स्पष्ट प्रकाश न होगा

द्वाभा होगी
मनुष्यता के विकट यथार्थ की
जैसी
शबरपा की भाषा में है

धम्मपद के बाद
वे कुछ साधारण नवचर्या-पद ही होंगे
भन्ते
जो आलोकित करेंगे
समकालीन समाज को!

41

प्रथम उपदेश के बाद
निहत्था और निष्कवच रहने लगा
मैं इस संसार में

निर्दोष और निष्पाप होने भर से
जीवन सरल नहीं हो गया
कुछ मानवीय गुणों ने और भी
जटिल बनाया उसे

मुझे घेरने
मेरा वध करने को तत्पर थीं
हिंसाएँ

लालसाएँ निरन्तर
आत्मा के द्वार खटखटाती रहीं
मेरे केश बढ़े
और नाखून भी

मैं जिया किसी तरह
ढाई सहस्त्र वर्ष
अभी जिऊँगा आने वाले
हिमयुग तक

आप मिलेंगे न वहाँ
भन्ते!
मिलकर हम धम्म का विचार
करेंगे
निर्जन होती उस धरा पर।

42

आपका
उपदेश है तथागत
कि जागृत के लिए
रात्रि दीर्घ होती है
दूरी दीर्घ होती है संत्रस्त के लिए
और सद्धर्म से अनभिज्ञ
मूढ़ के लिए
सुदीर्घ होता है संसार-चक्र*

जिनके उदर में न पड़ा हो
अन्न
वे कैसे सोएँ
जिनके छप्पर में बच्चे
भूख से बिलखते हों
वे संत्रस्त न हों तो क्या हों
जिनके घर

---

* दीघा जागरतो रत्ति, दीघं संतस्स योजनं
दीघो बालानं संसारो, सद्धम्मं अविजानतं
(60, बालवग्गो, धम्मपद, खुद्दक निकाय, सुत्तपिटक)

बार-बार लूट लिये जाते हों
वे यात्रा कैसे करें

क्या करें
कि पंडितों में मूढ़ न कहाएँ
संसार का चक्र अनन्त न लगे
उन्हें

इस
वंचना का कारण
दुर्भिक्ष नहीं
श्रेष्ठियों और सम्राटों की
अतिशय भोगलिप्सा है
उनके विलास ही
जनता के संत्रास हैं भन्ते
आज भी

वे सब
इतने प्रकाशित हैं
कि जनता
मूर्ख ही प्रतीत होती है
उनके आगे
हमारे धम्म का
सूर्य भी
दीपक ही लगता है

मुझे
इस देशकाल में

अपने जनों के लिए
तत्काल
किसी ज्ञान
अथवा
प्रकाश की नहीं

पेट-भर भोजन
और रात्रि-भर नींद की
प्रतीक्षा है

कभी
आपद्धर्म ही सद्धर्म भी होता है
भन्ते!

43

गेहूँ काटने की ऋतु में
वर्षा का प्रसंग
मार्मिक है भन्ते

कृषक
श्रेष्ठियों के पास जाएँगे
और पाएँगे
कि पिछली ऋतु का गेहूँ
अब तक उनके
भंडार में है

उन धनपशुओं ने
न उसे खाया है न बेचा है
किसी को

अपने व्यापार के लिए
वे अतिवृष्टि अथवा दुर्भिक्ष की
प्रतीक्षा में हैं

चैत्र मास की इस वर्षा में
भद्रक जाएगा
भिक्षा के लिए
तो उन्हीं कृषकों के पास
जाएगा
जो हताश लौटे हैं
श्रेष्ठियों के द्वार से

जबकि
श्रेष्ठियों के दान से
विहारों की रसोई सदा सुवासित है

वहाँ जल रही अग्नि में
कोई प्रकाश नहीं
शनैः शनैः छा रहा एक
अन्धकार है

आपके निर्वाण पर
मैं उचित ही रोया था भन्ते
भिक्षु आनन्द जानते थे
कि मैं आगे भी रोता ही रहूँगा

उन्होंने
मेरे इस दुख के
समुदय के विषय में विचार नहीं
किया
और मुझे रोने दिया
स्वयं भी एक दिन

निर्वाण को प्राप्त हुए

अपने ही रुदन के प्रकाश में
इतनी शताब्दियों से
जीवित हूँ मैं

44

भद्रक
अब लगभग एकाकी
रह गया है

उसने न चुना हो
पर एकान्त ने उसे
चुन लिया है

मकड़ियों ने
अपना पूरा जाल बुन लिया है
रेशमी
और जानदार

इससे अधिक
कुछ नहीं कहूँगा

भन्ते
आपको समझनी ही होगी
मेरी यह
संध्या-भाषा

45

सूखी नदी का तल है
समकालीन समाज का हृदय
न जाने कितनी
रेत के नीचे दबी है
करुणा की धारा

भन्ते
आपके समय भी
सूखे नदीतल जैसे ही थे
सम्राटों-शासकों के
हृदय

आप नहीं जान सकते थे
भद्रक जान सकता है
इतनी शताब्दियों तक जीते हुए
कि उन रेत-भंडारों में
आपकी करुणा का
जल
व्यर्थ ही हुआ

वह उसी जल को
अपने हिस्से के तपते भूखंडों पर
छिड़कता है
और सोचता है
कि सब कुछ मोघ है जब
यह जल ही
अमोघ क्योंकर हो?

46

अश्वों पर आईं सेनाएँ
कई अश्व
रिक्त पीठ गए वापस

अश्वों पर आए
आखेटक
कई अश्वों के आरोही
स्वयं आखेट
हुए

अश्वों पर गए
भन्ते
धम्म के
प्रचारक भी

धम्म
किन तक पहुँचना था?
धम्म
किन तक पहुँचा?

आप
अधिक जानते हैं

किन हाथों में रहीं
अश्वों की वल्गाएँ?
तथागत
किन हाथों में
उन्हें रहना था?

सब तरह से
विपन्न
मेरे पास एक मेरा मन ही
मेरा अश्व था

अब भी मैं उस पर
आरूढ़
विचरता हूँ

आरोही का
प्रचार नहीं करता
भन्ते
मैं अश्व का
प्रचार करता हूँ

47

वे जो
मनुष्यता का पक्ष लेते-लेते
रण में हताहत रहे
उनकी मृत्यु की
आध्यात्मिक व्याख्या करने
वाले
लबारों से पाला पड़ता है
भन्ते

जो हारे पर बचे रहे
अपनों के वास्ते
उनकी लज्जा पर कविता करने
वाले
शासकों से पुरस्कार माँगते
ग्रहण करते रहते हैं

हमारे प्रचारकों ने भी
कोई कसर नहीं उठा रखी है

पश्चात्ताप के सब मार्ग
खोल दिए

जब उन पर
हर ओर से अनाचारी
बढ़ चले
तो पग धरने का
स्थान तक
नहीं बचा

भद्रक
श्रेष्ठियों द्वारा धम्म के
विशाल प्रचार के
कारण
कुछ समय के लिए
प्रविविक्त हो गया

वह
अपनी सहजता से
कई दिन
समझौता कर
रहा
मृगदाव में

उतने दिन
उसे
काशी पुकारती रही

बताती रही
कि भाषा का अपशिष्ट भी
एक मार्ग है
बुद्धि के समुचित
प्रकाश का

48

संसार में
दुख कितना बचा है?

कितने दुख के कारण
बचे हैं?

कितना धैर्य?
कितनी प्रतीक्षा?
कितना साहस?

जीवन में
कितना भूचाल?
कितनी स्थिरता?

ऐसे
अनगिन प्रश्न पूछती है
प्रजा
इनका एक भी उत्तर

मैं नहीं जानता
भन्ते

मनुष्यता के इस
ग्रीष्म में
जानता हूँ तो इतना

कि इस पृथिवी पर
हमारा धम्म भी
उतना ही बचा है
जितने
हिमालय पर चरवाहे

और वे परम साहसी
दयावान
अभिभावी कुत्ते
उनके

49

किसी
चमत्कार की तरह
खिलते हैं पुष्प
जंगली झाड़ियों में
और छप्परों पर चढ़ी
लताओं पर

भद्रक ने
ऋतुओं के विरुद्ध भी
उन्हें
खिलते देखा है

पहले उपदेश की तरह
फलती हैं तोरियाँ
सूख जाने पर झाँवा बना ली
जाती हैं
खुरचने को
मनुष्यता की
श्रम और कंटकों से खुरदरी पड़ीं

एड़ियाँ

देह पर मैल
चढ़ता और धुलता रहता है
भन्ते

लेकिन
आपका दिया सुवास
और प्रकाश
उतरते नहीं आत्मा से
नित्यप्रति
वे बढ़ते रहते हैं

अनात्म और अनित्य का
विचार मैं नहीं
कर पाता

जैसा आया हूँ
वैसा ही नहीं जाना है मुझे

असमय झर गए
वनपुष्पों की आत्माएँ
मुझे अनात्म
नहीं रहने दे रही हैं
संसार में

तथागत!
छप्पर की लतरों से

गिरी
सूखी हुई झाँवेदार
तोरई के बीज
सँभाल रही
एक स्त्री इस संसार में
नित्य के प्रति
मेरी आस्था जगा रही है

भन्ते
उसके पति का नाम
सिद्धार्थ
पुत्र का नाम राहुल
नहीं है

उसका कुल भी कोई राजकुल
नहीं है

मनुष्यता का प्रदीप
वह
अजस्त्र स्रोत करुणा का
मैं इन दिनों
उसी की भिक्षा के सहारे
जीवित हूँ

प्रकाशित हूँ
उसकी सहज ममता
और साहस से

50

लालसाएँ अनन्त थीं
भन्ते
लोलुपता असीम
तृष्णा
अतल कूप सरीखी

बहुत कम था
आपके होने का प्रकाश
यह इतिहास
और समकाल की हिंसा से
सिद्ध हो चुका

ममतालू स्त्रियाँ न होतीं
तो समूचा अन्धकार ही होता
धरा पर

धम्म में
उन्हें उनकी सहज ममता से
विरत कर
रखा नहीं जा सकता था

रखा गया तो
मलिन हुआ धम्म का ही मुख

धम्म
केवल प्रकाश था
उसके लिए
आवश्यक आकाश थीं
स्त्रियाँ

जो गहन रात्रि आती है न
जीवन में
यह और कुछ नहीं
किसी स्त्री का समाज से मुँह मोड़ लेना
भर होता है

प्रविविक्ति में
अपने अहंकार को ही प्रकाश
मान बैठे
आपके कथित थेर
नहीं जान सकते यह बात

इसके लिए
या तो तथागत होना पड़ता है

या मेरी तरह
निर्वाण से भटका हुआ
भद्रक।

51

नित्यप्रति हो रहे सवेरों में
एक भी सवेरा
मेरा नहीं तथागत

नभ के छोर पर लाली
सबको दिखी
मेरे नेत्र देख सके तो
कुछ मेघ काले

कुछ रहस्य कुछ भय कुछ हिंसा
दिगन्त पर छाए रहे
दिलाते रहे विश्वास
मुझे सत्य की राह पर होने का

बँधाते रहे ढाढ़स
कि एक दिन
मेरा भी सवेरा होगा
अज्ञानवश
सब मृत्यु कहेंगे

उसे

एक
भारी पक्षी उतरेगा
अपने
थके हुए डैने पसार
मेरे आँगन में
जल के लिए

सोचेगा
यह उसका धम्म है

पर उसे
कुछ समय पूर्व
पहुँच जाना चाहिए था
यहाँ
अब जल नहीं

बुझ रहे एक दीपक का
थोड़ा-सा
प्रकाश-भर बचा है।

52

विहार
वनकपोतों से भरे हैं भन्ते
आजकल
और विहारों को लौटते
भिक्षुओं के पात्र
अन्न से

चहुँओर से
घेरती हैं इच्छाएँ तो थेर
चर्चा करते हैं
थेरियों से
—यह चैत्र मास है

वनों में भटकते हुए
भद्रक पाता है
कि सिरजने के इस धम्म को
निभाते
गिद्धों के नीड़ तक में
बच्चे हैं इस काल

और है
मृत प्राणियों का मांस

जो
व्यर्थ नहीं चला
गया है
हमारे विहारों में
चैत्र मास की
तरह

53

उषाकाल
नींद से जागता है
तो भद्रक सबसे पहले
अपना मस्तक
टटोलता है

न जाने कौन-सा विचार
कौन सा उदान
यहाँ तक कि
धम्म के भीतर की गई
कौन-सी जिज्ञासा
कौन-सा प्रश्न
उसका मस्तक छीन ले गए हों
उससे?

हर उषाकाल में वह सोचता है
एक सूर्य पर्याप्त नहीं है

भीतर का तम
हरने को

जो सूर्य उगा था
अब धूमिल पड़ा
उसका प्रकाश

लेकिन भद्रक
अपने
मस्तक के साथ
उसे भी
बचा लाया है

सृष्टि के
समकालीन अँधेरे में
वह सूर्य धम्म का
खद्योत-सा
चमकता है

किसी बच्चे की हथेली पर
उसे आपने
कभी नहीं देखा होगा
भन्ते

मैंने देखा है
इसीलिए इतनी शताब्दियों तक
निर्वाण नहीं
जीवन पाया है

54

मैं
कठफोड़वा बनकर
रहा भन्ते
धम्म के वृक्ष पर

विशाल कठोर तने
और विस्तीर्ण डालियों में
मेरे बनाए कोटर
मात्र मेरे काम नहीं आए
बसेरा किया न जाने
कितने पक्षियों ने

न जाने कितने शिशुओं ने
इन्हीं कोटरों से भरी
सृष्टि को समझने की पहली उड़ान

मृगदाव के वृक्षों को
अपने नीचे
धम्म के साधकों

और आपके उपासकों से अधिक
कठफोड़वों की
आवश्यकता थी तथागत

जब भी
मेरे आँगन के वृक्ष पर
उतरता है कठफोड़वा
लगता है
मैत्रेय प्रकटे हैं
हल्के से खटखटाते हुए
धम्म के
हृदयद्वार

55

सर्प
आजीवन भूमि से
चिपके रहने से
भूमि को
अधिक प्रिय नहीं हो जाते

फिर धम्म से
चिपके रहने वाले
थेर ही
अत्यन्त प्रिय क्यों हैं
धम्म को?

उनमें से
कुछ तो
सदाचारी भी नहीं
बोझ हैं
धम्म पर
न उन्हें पार उतरना है
न वे नाव छोड़ते हैं

आम जन को
पार पहुँचाने का भ्रम
बेचना ही
सदा
व्यापार रहा है
उनका

इसे भी
किसी गाथा की तरह
पढ़ेंगे जन

कि आपकी देशना से प्रेरित हो
भद्रक ने
जो छोड़ी थी नाव

वह भी
उन्हीं लबारों के पास है
भन्ते
इन दिनों।

56

वह जो हँस रहा है
आनन्दमग्न है
इसी गणतंत्र का नागरिक है
भन्ते

उसने
दुख बहुत जाना है
सारा जीवन ही दुखमय
जिया

आज भी
वह सुखी नहीं है
लेकिन
लड़ रहा है
उस मानसिक दुर्बलता से
जिसे सब
हताशा कहते हैं

तथागत!
चहुँओर हमारे निरापद

विहारों की उपस्थिति के
बावजूद
दुर्धर्ष मनुष्य वह
अब तक
धम्म की शरण में
नहीं
गणतंत्र के अरण्य में है

बिना यह जाने
कि दुख के समक्ष
उसकी यह निर्भीकता
किसी भी धम्म में ईर्ष्या का विषय
हो सकती है

और किसी भी गणतंत्र में
हत्या का।

57

श्वेतवर्णी जनों का ईश्वर अलग है
वह आगन्तुकों का ईश्वर है
कृष्णवर्णी जनों का अलग
वह मूलनिवासियों का ईश्वर है

इस प्रकार
इस राष्ट्र में
कई प्रकार के जन हैं
इस प्रकार
इस राष्ट्र में
कई प्रकार के ईश्वर हैं

किसी का
एक ईश्वर है
किसी के
अनेक ईश्वर हैं

किसी का ईश्वर स्वाद की तरह है
किसी का स्पर्श

और किसी का दृश्य की तरह

किसी किसी का तो परिदृश्य
की तरह

भन्ते
हमने ईश्वर का निषेध तो किया
किन्तु
जितने चमत्कारों
और लोक में
जितनी अलौकिकता की
हमने
कल्पना और इच्छा की
इस राष्ट्र में
क्या वह सम्भव है
बिना किसी
ईश्वर की कल्पना
और इच्छा के?

यह जो एक ईश्वर
ठुकराया-सा
घूमता है
हमारे धम्म के भी भीतर
सैकड़ों वर्षों से
उसी अनाथ का मैं
साथी हूँ
तथागत इस राष्ट्र में
इन दिनों

58

वनों पर
ज्येष्ठ मास की औचक वर्षा है

ग्रीष्म में मैं
न मृगदाव में रहता हूँ
न काशी जाता हूँ
चला आता हूँ
लुम्बिनी के वनों की ओर

अग्निसम वायु की
विषम ऋतु में वन ही उपयुक्त
रहवास हैं
भिक्षु के लिए
इन दिनों यहीं
धम्म की शीतलता है

ज्येष्ठ मास की वर्षा के कुलपुत्र
कृष्णमेघ
हाथियों की तरह चिंघाड़ते हैं

जल के साथ उनकी अग्नि भी
बरसती है
बरसता है उनका प्रकाश

तथागत
इन्हीं कृष्णमेघों जैसी देह
और लपलपाती विद्युत सरीखी
प्रज्ञा वाले
एक ऋषि ने
एकदन्त सूँड़धारी
स्थूलकाय ईश्वर को

अपने सामने बिठा
उसी के हाथों लिखवाई थी
अपने वंशजों की
कथा

आश्चर्यवत् देखता हूँ
कि आपने ईश्वरीय यह कार्य
रख छोड़ा है
अपने
कुछ अशक्त भिक्षुओं के भरोसे

मनुष्य पर
आपका यह भरोसा ही
निजधम्म का
इकलौता ईश्वर है

और वही एक ईश्वर
अनश्वर भी है
भन्ते
विश्व के किसी भी धर्म में

शेष सब
ईश्वर नहीं उसके जन्म
अथवा मरण की कथाएँ
भर हैं।

59

[प्रिय व्योमेश शुक्ल के लिए]

काशी में
ऐसा कोई नहीं बचा भन्ते
जिसके द्वार पर
मैं याचना करूँ अन्न की

काशी में
आधे जन
मोक्ष की राह पर हैं
आधे जन
निर्वाण की

काशी में
कहीं किसी के भी भीतर
मुझ भिक्षु के लिए
कोई प्रतीक्षा शेष नहीं रही
तथागत
प्रीत तो बहुत बड़ी बात है

और तो और
काशी में
जो मृगदाव किंवा सारंगनाथ
हुआ करता था
नगर के छोर पर
एक पथ जिधर जाता था
वह भी नहीं रहा

भन्ते
अब सर्वत्र ऐसी ही काशी है
जिसमें
चिताओं की अग्नि
मृतकों की देह
और जीवितों की मनुष्यता
दोनों को
साथ जला देती है।

60

सागर की शक्ति का
सम्मान करते हुए भी
स्वयं के सामर्थ्य पर भरोसा कर
तटों पर बसे जन

वर्षा के साथ
बरसती थीं चट्टानें बहती थी मिट्टी
जहाँ जर्जरता
दृढ़ता में लिपटी भरमाती थी
उन महाकाय पर्वतों के भी
रहवासी हुए जन

और नदियों के कछार
जितने ग्रसित
विकट प्लावन से
उतने ही
प्रचुर उपजाऊ
उनमें तो रहना ही था
जनों को

जहाँ भी रहे
वहीं रहीं आपदाएँ प्रखरमुख
रही मृत्यु
अपने नर्तन में सम्मोहक सी
विराट

जीवन रहा
सदा अपनी क्षुद्रता में
सकुचाया-सा
धम्म ने
बचाया या दीर्घ नहीं किया
उसे
बस दी थोड़ी-सी
गरिमा
दिया कुछ मान

यह जो
उन्नतभाल मनुष्य का मुख है
भन्ते
दैवीय दुर्मुखों के बीच
हर युग में
यही तो
निज धम्म का मुख है

सुख है।

61

श्मशान के निकट रहते हुए
लोग भयभीत नहीं
दुस्साहसी हो जाते हैं

रहवास तक चला आता है
धुआँ
और मांस के जलने की
गंध को
छुपाती हुई दयनीय-सी
एक गंध

लोग अपने कंधे पर लाते हैं
लोगों को
जल और अग्नि की शरण में

आपने एक शव देखा था
तथागत
मैं एक दिन में कई शव देखता हूँ

ऐसी घटनाओं को देख
आप बुद्ध हो गए
और मैं भद्रक ही रहा आया

ढाई सहस्त्र वर्षों में
न जाने कितनी बार
ऐसे ही घाटों पर

अपनों के वियोग में
काँपती
कलपती रही
मेरी देह

जाना कि देह का दाह
निर्वाण से भी जटिल एक क्रिया है

हे अवलोकितेश्वर
देखा जाए तो हमने नहीं
हमारी इन नश्वर
देहों ने ही
आपके उपदेशों का सार
जिया है

मैंने तो
कभी नहीं देखा
कि करुणा के कपोत श्मशान में
आए हों

फड़फड़ाए हों

आपने देखा है
भन्ते?

62

अखंड श्मशान के छोर पर
रहते हुए भी
मैंने डाकिनी की साधना नहीं की
धिक्कारता रहा उन्हें जो
माँ माया को वज्रयोगिनी कहते
तंत्र-साधना करते रहे

हाँ मैं स्वीकार करता हूँ
कि महायानी बना
भन्ते आप में ईश्वर को देखना
आपके दिए हुए
धम्म से थोड़ा विचलन तो था
पर वज्रयान सरीखा
अपराध नहीं था

महायानियों ने थेरवाद को
बिगाड़ा नहीं
थोड़ा-सा सुधारा ही

यह राष्ट्र
बिना सम्राट के रह सकता है
तथागत
बिना ईश्वर के नहीं रह सकता

सम्राटों को भी
उसी का प्रतिनिधि बनना होता है

और ईश्वर
यहाँ जनता तय करती है

मैं पूछता हूँ जनता से
कि इन भ्रष्ट वज्रयानियों का
क्या करें
तो उत्तर मिलता है
रहने दो इन्हें भी

समाज में
सभी रास्ते समुज्ज्वल
नहीं होते
हर धर्म का
एक अन्धकार होता है
ये भी
रहेंगे वहीं
उस में कुछ इनके भी मुख का
कलुष रहेगा

प्रकाश की
आवश्यकता बनी रहेगी
संसार में
भन्ते
तो बना रहेगा धम्म
रात्रि के पश्चात
मनुष्यता की भोर बनी रहेगी

क्षिति के गर्भ में रत्न
मात्र कथाओं में न होंगे
महान यह धारित्री
सजल उर साकार धारण करेगी
उन्हें।

63

हुतात्माओं ने मुझ पर
विश्वास किया
कि सत्कार्यों के लिए
मेरे हृदय में जल और
भुजाओं में बल
कभी कम नहीं पड़ेगा

न मैं राजा था
न ठीक-ठीक स्थविर
फिर सत्कार्यों का इतना भार
मुझ पर क्यों डाला गया
भगवन?

साधारण मनुष्य तो
अधिकांशतः
सत्कार्य ही करते हैं

सत्कार्य के लिए
अनाचार की तरह

किसी बहुत बड़े सामर्थ्य की
आवश्यकता नहीं होती

संसार के प्रपंच में
रहते हुए
उस पर विजय प्राप्त करने की
कामना से भरे

साधक
और उनके अनुयायी
श्रेष्ठि, योद्धा और राजे

क्या करते हैं
क्या नहीं
इन विवरणों से भरी पड़ी हैं
जातक कथाएँ

उन्हें
क्या करना चाहिए
क्या नहीं
इस दर्शन से बोझिल हैं
देशनाएँ

जबकि
धम्म के प्रकाश से
सहज ही प्रकाशित रहे
इस राष्ट्र के
साधारण जन

उन्हें
धर्म की आवश्यकता
स्वयं के उत्थान से अधिक
शासकों के पतन को
समझने
सँभालने
और उससे लड़ने के लिए थी

आपने
हाँ, आपने तथागत
साधारण जन को
धम्मरूपी यह शस्त्र दिया
जिसे शास्त्र समझ
अपनाते रहे सम्राट

उनमें
भुजबल चाहे जितना रहा हो
उनके
हृदय-कूप में जल बिलकुल भी
नहीं था
आपने उन्हें इतना जल दिया
कि धो सकें
अपना कलुषित मुख

वे आए
अपने दुष्कर्मों की
दुर्गंधित कंदराओं से
बाहर

संघ की शरण
धम्म की शरण
भन्ते
आपकी शरण
कि विचर सकें
साधारण जनों के बीच
साधारण बन

शरणागत होते हुए भी
उनके भीतर
जो अहंकार था
धम्म से उसी के धब्बों को
धोता हुआ
जिया हूँ मैं सैकड़ों वर्ष

भन्ते
ऐसे ही जिऊँगा
जब तक जियेगा
अनुयायियों के अहंकार से
दबा
यह धम्म हमारा।

64

अपने
जीवनानुभव से कहता हूँ
भन्ते
असत्य की बेल कभी नहीं सूखती
असमय मुरझाया
सकुचाया-सा रहता है
सत्य का पौधा

जानते हुए भी
कि उनका असत्य छुप नहीं
पा रहा है
भाषा की ओट में
लोग असत्य भाषण
करते हैं

वे अपने असत्य को
मेरे सत्य की तरह कहते हैं
तो क्रोध उठता है
हृदय में

लपलपाती एक लौ-सी
उठती है

क्षमा करें
तथागत इस क्रोध को मैं
अब जीतना नहीं चाहता

चाहता हूँ
यह रहे इतनी-भर हिंसा
इतना-भर समुदय

दुख का
मनुष्य के मन में
अत्याचार और असत्य के विरुद्ध
इतना-भर
उसका
निजी प्रकाश है।

65

वे भयभीत हैं
कि जो शक्ति अभी प्राप्त है
चली न जाए
कम न हो जाए सामर्थ्य

और इस प्रकार
मैं देखता हूँ
कि वे कभी नहीं सोचते
नैतिक बल के बारे में
जो कब का चला गया है

उससे कोई कार्य
उन्हें
अब तक नहीं पड़ा है

भन्ते
वे आपके अनुयायी कहाने
योग्य भी नहीं थे

मुझे उन्हें स्थविर आचार्य कहना
पड़ता है

धम्म भी
सदा ही माथे का मुकुट
नहीं रहता भगवन
कभी-कभी
वह मेरे तलवों में
गड़ता है।

66

चित्रशिला घाट के किनारे
देखता हूँ
ग्रीष्म की क्षीण जलधारा पर
लकड़ियों के बिछौने हैं
उन पर लेटती हुई देह कोई
प्रतिक्रिया नहीं करती
लुढ़कती हुई सी बस लेट जाती है

मैं पूछना चाहता हूँ
उस देह से उसकी कुशल-क्षेम
तो लोग क्रोध में
धिक्कारते दौड़ाते हैं मुझे

जानता हूँ
वह मृतक है कुछ नहीं बोलेगा

जो कुछ नहीं बोलता
उससे कोई कुछ नहीं पूछता
मैं स्वयं

अपने पड़ोस और समाज में
मृतक समान रहता हूँ

भन्ते!
कोई नहीं पूछता मुझसे
मेरी कुशल-क्षेम

मैं पूछता हूँ उससे
जो सदा के लिए मौन है
दौड़ा लिया जाता हूँ

इससे पहले
कि चिता में लगा हुआ
निर्जीव काठ पूछे
निर्जीव समिधा
और कपाल से बहता हुआ
घृत पूछे
नीचे बहता जल पूछे
वायु और अग्नि पूछे समवेत
मुझ जैसा
जीवित मनुष्य भी
पूछना चाहता है उस देह का हाल
जो बिलकुल उसके जैसी है

भगवन
मृत्यु को देखने का
यह मेरा तरीका है
इसे मैंने

धम्म से ही सीखा है

मैं स्वयं जब जाऊँगा
निर्लोभ
निर्विकार
निर्भय जाऊँगा

बिना
किसी इच्छा और जिज्ञासा के
ऐसे ही
किसी बिछौने पर लेटी
मेरी देह
कोई उत्तर नहीं देगी
बस एक अन्तिम करवट-भर
बदल लेगी

समझ जाएगा पूछने वाला
कि मनुष्य के
अन्त का भी अपना एक प्रकाश
होता है
जिसमें आजीवन रहते हैं
छूट गए जन।

भन्ते,

इन नव चर्यापदों को कह चुकने के उपरान्त अब मैं स्वयं को किसी सीमा तक 'गतद्धिनो विसोकस्स विप्पमुत्तस्स सब्बधि'* वाली अवस्था में अनुभव कर रहा हूँ। तथापि मैं अभी जीवित रहने के लिए अभिशप्त और प्रतिबद्ध हूँ। तथागत अपने इस समकाल की कथा अपने इस जीवन में कभी कह पाया तो पुन: कहूँगा। उस कहन का क्या रूप होगा, पता नहीं—आप ही इस संसार में उत्पीड़ित-वंचित जन की प्रज्ञा और वाणी हैं, वह सृजनरूप भी आप ही प्रदान करेंगे।

भद्रक
(भदिया)
चित्रशिला घाट, शिवालिक तलहटी, कूर्मांचल,
उत्तरखंड, भारतवर्ष

---

* जिसकी यात्रा पूर्ण हो गई हो, जो शोकरहित और सर्वथा विमुक्त है।
(90, अरहन्त वग्गो, धम्मपद, खुद्दक निकाय, सुत्तपिटक)